A CORAGEM DE MUDAR

JÚLIO EMÍLIO BRAZ

CB134876

"Para
Márcia Kupstas,
para Carlos Queiroz Telles
e para os alunos, os
professores e as irmãs do
Colégio dos Santos Anjos,
uma turma muito esperta
que está fazendo cem
aninhos este ano
(1893 — 1993)"

FTD

Copyright © Júlio Emílio Braz, 1993

Todos os direitos de edição reservados à
EDITORA FTD S.A.
Matriz: Rua Rui Barbosa, 156 (Bela Vista) São Paulo - SP
CEP 01326-010 - Tel. (0-XX-11) 3253-5011- Fax (0-XX-11) 3284-8500 r. 282
Caixa Postal 65149 - CEP da Caixa Postal 01390-970
Internet: http://www.ftd.com.br
E-mail: projetos@ftd.com.br

Dados Internacionais de Catalogação na Publicação (CIP)
(Câmara Brasileira do Livro, SP, Brasil)

Braz, Júlio Emílio, 1959 —
A coragem de mudar / Júlio Emílio Braz. —
9. ed. — São Paulo : FTD, 1999.

1. Alcoolismo - Literatura infanto-juvenil 2.
Literatura infanto-juvenil I. Título.

99-0829 CDD-028.5

Índices para catálogo sistemático:

1. Alcoolismo: Literatura infanto-juvenil 028.5
2. Literatura juvenil 028.5

Editor
Maurilo Sampaio

Coordenação de revisão
Adolfo José Facchini

Editor de arte
Cláudio Cuellar

Projeto gráfico e produção
Sandra B. Carvalho Homma

Ilustração e capa
Rogério Borges

Coordenação de editoração eletrônica
Carlos Rizzi
Reginaldo Soares Damasceno

O gol,
a cesta,
a cortada,
o salto,
o mergulho,
a braçada
têm a cor
da eternidade.
— Jeito nosso
de voar.

VITÓRIA
Carlos Queiroz Telles

ÍNDICE

ADRENALINA PURA E NADA MAIS

Mas eu tô numa boa,
esperando minha vez.
Tô quieto no meu canto
assobiando a canção.
Escuto o bumbo e dispara
meu coração.

DO THE BARTMAN
Bryan Loren

César *droppou* mansamente pela pista com um grande sorriso nos lábios, os cabelos longos, molhados, espirrando suor pra tudo quanto era lado. Hilda sorriu de satisfação e, olhando para Nata, abraçou-a com força, entusiasmo, incapaz de resistir à emoção.

— Ele tá demais hoje, não é mesmo, dona Hilda? — comentou Nata, mais afirmando do que perguntando, os olhos indo e vindo, seguindo César que ia e vinha na pista, num *fake* cheio de dificuldades. De um momento para o outro ele rodopia na borda da pista, num *front side* arrepiante.

A pequena mas barulhenta multidão que se amontoa em torno da pista do Rio Sul explode numa gritaria entusiasmada.

César! César! César!

Hilda quer chorar, mas acaba rindo, a emoção enchendo seus olhos de lágrimas.

Bubka late, meio confuso, meio entusiasmado, quase sempre querendo se libertar do abraço carinhoso de Henrique. Leonardo está ao lado do pai e o cutuca com o cotovelo quando Hilda olha para os dois. Ricardo sorri, ainda constrangido, resto de culpa no olhar que foge do dela há um certo tempo.

Hilda sorri e estende-lhe a mão que ele agarra, quase que aliviado. Quando se abraçam, ela diz:

— Ele venceu, Ricardo, ele venceu...

César se joga no nada com um *aerial* pra lá de ousado. Por uma fração de segundos paira no ar o corpo brilhante de suor. Ricardo devolve o sorriso para Hilda e concorda:

— É, venceu, sim.

A turma da *Skatemania* comemora. Tem um "bolinho" formado pela rapaziada da *ASR* num dos lados da pista, mas parece que não tem mais jeito, não. As manobras de César estão radicais demais para tirar o troféu do torneio da *Skatemania*.

— Poxa, o carinha chutou o pau da barraca, gente — comenta Bruno Passos, enquanto passa por Hilda e os outros. Dadá, ruiva e suada, ao lado dele, concorda, enquanto Paulo Roberto, outro feríssima do *bowl* local, fica na borda, agachado, os cabelos espetados, acompanhando as manobras de César como se não acreditasse no que via. — Radicalizou mesmo!

Hilda não consegue esconder a alegria e um certo envaidecimento ao ouvir aqueles comentários que aparecem aqui e ali, vindos de todos os lados. É mais do que apenas a vitória. Não é pela vitória em mais um torneio. César já havia vencido tantos antes. Havia mais, algo mais importante.

Ela não gostava de lembrar, mas a lembrança era inevitável.

Os dias ruins tinham passado, mas as lembranças continuariam ainda por muito tempo. Voltariam sempre que ela visse César com aquele grande sorriso de satisfação nos lábios.

É, o pior realmente tinha passado.

Talvez fosse até bom lembrar aqueles momentos ruins para dar maior valor, para saber realmente aproveitar aquela alegria quase infantil no rosto de César e dos outros.

De repente, César saiu de outra batida num *grinper* barulhento, e as palavras escritas na camiseta que usava tornaram-se visíveis para todos. As letras tinham a cor vermelha da determinação e eram bem grandes. Talvez para que todos pudessem ver o estado de espírito em que ele e todos os que haviam vivenciado e partilhado sua dor e sofrimento se encontravam.

Uma frase que dizia tudo...

ADRENALINA E NADA MAIS.

Mais do que uma promessa, uma garantia de luta e resistência permanentes contra um passado ainda recente. Era aquele tipo de coisa, a determinação que transcendia uma frase numa camiseta suada, que fazia Hilda lembrar-se do passado sem nenhum medo.

Era apenas o passado.

ZOANDO

E aí, cara, qual que é?
Sou o nego que nasceu
pra pegar no seu pé.
Zoando com a galera
em qualquer lugar.
Eu nem percebo.
Meu negócio é aprontar.

DO THE BARTMAN
Bryan Loren

Um ano antes...

Ele tropeça. Apóia-se numa das mãos para não cair, a parede por vezes escapando de seus dedos vacilantes. O *skate* debaixo do braço esquerdo equilibra-se titubeantemente no vazio, preso apenas pelas rodas na curva do braço. Uma das joelheiras está pendurada no tornozelo; o joelho que ela devia proteger escorrendo sangue. A perna está ralada e suja; sangue e sujeira misturando-se nos arranhões vermelhos. O boné com a aba virada para trás está torto na cabeça.

— Cadê a minha mãe? — César esbugalha os olhos e apóia-se na parede com um dos ombros. Sorri, e o corpo magro e esguio sacode-se em meio ao risinho crescente, nervoso. — Cadê?

Hilda não consegue se surpreender. A melancolia é maior do que a surpresa e a contrariedade. De certa forma, a sensação maior ainda é a de frustração. A culpa aparece aqui e ali.

Olha para ele.

Não é a primeira vez que vê César daquela maneira. Pára, os braços cruzados sobre o peito, e o encara. Pensa em lhe dizer alguma coisa, recriminá-lo — como não fizera no início, três ou quatro anos antes, quando tudo começou com uma brincadeira, um motivo de satisfação para um pai orgulhoso. Desiste.

Dizer o quê?

Dizer alguma coisa — brigar com ele mais uma vez — vai servir para alguma coisa?

Ele vai parar de beber se disser qualquer coisa?

Palavras perdem-se no vazio de sua crescente melancolia.

César aproxima-se e ela se cala. Os fones escapam dos ouvidos e o *walkman* escorrega da cintura, acompanhando-os numa queda rápida para o chão. O aparelho se espatifa barulhentamente, mas César nem percebe. Continua sacudindo a cabeça, os longos cabelos castanhos açoitando-lhe o rosto vermelho e molhado de suor.

Um nó forte ata as poucas palavras que Hilda pretendia dizer, prendendo-as na garganta, relegando-as ao esquecimento. Decepção é uma pequena dor que cresce, oprime e faz seu coração ficar bem apertado. Quando ele se desequilibra e, para não cair, apóia-se com as duas mãos em seus ombros, o hálito inconfundível de bebida fazendo o nariz dela arder, Hilda não consegue dizer nada. Geme o nome do filho com uma certa angústia.

— Eu ganhei de novo no *bowl* do Rio Sul... — diz ele, a voz pastosa, arrastada, os joelhos se dobrando sob o peso da embriaguez. — Cadê minha mãe? — ele não a reconhece. — Eu quero contar pra ela...

Hilda quer dizer que é a mãe dele. Desiste. Ele simplesmente diria que ela estava brincando com ele. Fora o que dissera uma semana antes, logo depois que voltou de Lumiar.

Bêbado.

Sempre bêbado.

— Ela saiu... — mentiu. Quase sem querer, sem saber por quê. Apenas mentiu.

— Minha mãe vai gostar muito de saber que eu ganhei, não vai?

— Vai...

— Muito...

— É, muito.

Ela acabou abraçando-o e levando-o para o quarto. César vomitou duas vezes enquanto subia a escada. Respingou nela. As duas vezes. Ela nem sentiu. Doeu, mas, estranhamente, ela não sentiu.

A frustração era maior.

A culpa apareceu ali e um pouco mais adiante, se bem que ela não sabia exatamente qual o seu quinhão *naquela* culpa.

— Que zoeira, dona! — disse César desabando de costas na cama, sacudindo a cabeça como se ainda tivesse os fones nos ouvidos e o *walkman* derramasse músicas imaginárias dentro deles. — Eu tô zoando... eu tô zoando de montão!

UMA QUESTÃO DE PRINCÍPIOS

Como seria bom
Se o destino nos desse
a opção de escolher
Por que causa
nós vamos sofrer.

CORREDOR X
Biquíni Cavadão

— Mas ele tem apenas dezesseis anos, Ricardo!

Hilda olhou para o marido e, durante alguns segundos — aqueles em que ele ficou misturando o leite ao café de sua xícara com a colher, girando-a e girando-a vagarosamente —, pensou que, depois de tudo o que lhe contara, Ricardo finalmente concordaria com ela: César estava abusando.

— E daí? — Ricardo a olhou bem nos olhos e pela expressão em seus olhos esverdeados e empapuçados parecia não dar nenhuma importância ao que ela acabara de lhe contar. Era um homem corpulento, os cabelos começando a rarear no alto da cabeça e esbranquiçados nas têmporas.

— E daí? — repetiu Hilda, num misto de surpresa e indignação. — Você ouviu bem o que eu lhe contei e só me diz isso? *E daí?*

As grossas sobrancelhas negras de Ricardo juntaram-se numa carranca de crescente contrariedade.

— E o que você quer que eu diga mais?

— Você está brincando, não está?

— Por quê?

— Eu lhe disse que o César chegou em casa bêbado...

— Ele bebeu demais na comemoração pela vitória naquele torneio do Rio Sul. Nós sabemos como ele queria aquele prêmio, não sabemos?

— Claro, mas...

— Eu acho natural que ele tenha exagerado um pouco nas comemorações...

— Não é a primeira...

— E o que há demais um rapaz na idade dele tomar um porre ou outro de vez em quando? Faz parte do crescimento...

— Não, não faz, não.

— E o que você queria que ele fizesse? Que passasse a vida inteira tomando suquinho e batidas de mamão como... como...

— Como um mariquinhas?

— É você quem está dizendo.

— Não, querido. Foi você quem disse na semana passada, quando a gente teve a mesma discussão sobre este assunto.

— Nós não discutimos.

— Talvez devêssemos.

— É o que quer?

— Não... — Hilda bufou, desanimada. Sentiu-se mais uma vez frustrada. Era como se estivesse tentando convencer um tolo de sua própria tolice. Sentia-se como alguém que estivesse conversando com um muro de indiferença, um sólido obstáculo a qualquer coisa que dissesse. Trinta e sete anos pareciam-lhe, de um momento para o outro, a idade da eternidade, de séculos de sofrimentos inúteis. Os primeiros fios de cabelo prateados começavam a aparecer em sua vasta cabeleira negra. As preocupações com César seguramente tinham colocado alguns deles em sua cabeça.

— Então... — Ricardo apanhou o paletó colocado no encosto da cadeira e levantou-se, começando a vesti-lo.

— Eu só queria que você desse um pouco mais de atenção a seus filhos — reclamou Hilda.

— Você está me acusando de alguma coisa, Hilda?

— Tente ficar uma semana ao lado do César e você vai ter a sua resposta, Ricardo — Hilda levantou-se e começou a arrumar a mesa.

Ricardo encarou-a, aborrecido.

— Por que está transformando isso numa verdadeira guerra, Hilda? — perguntou. — O rapaz bebeu um pouco demais, exagerou... que mal há nisso?

— Que bem há nisso, Ricardo?

— Ah, Hilda...

— E não foi só desta vez. O César anda bebendo e não é só em comemorações. O Henrique me falou que ele bebe durante a noite e eu já cruzei com ele no corredor algumas vezes e senti o cheiro de bebida...

— Você estão vendo problemas onde eles não existem. Que mal há em alguém beber? Eu mesmo bebo e...

— Beber é uma coisa e tornar-se viciado em beber é outra coisa completamente diferente.

— Você está querendo insinuar que o César virou um alcoólatra?

Olharam-se em silêncio por um instante.

— Eu não sei, Ricardo... — gemeu Hilda, hesitante e nervosa.

— Mas isso é um absurdo! Basta o rapaz beber um pouquinho mais para você fazer disso um verdadeiro cavalo de batalha.

— Não é isso! Eu só estou preocupada com...

— Você é mãe e eu compreendo que esteja sentindo que os filhos começam a sair da barra de sua saia...

— Não é isso, Ricardo!

— ...e começam a arranjar suas namoradas, a sair com os amigos e a agir como homens.

— Desde quando encher a cara e agir como um idiota faz de um menino um homem?

Repentinamente, Henrique e Leonardo apareceram na porta da cozinha, Henrique puxando Bubka, um pequeno *husky* siberiano, pela correia da coleira. Os dois se olharam, constrangidos, e encararam os pais como se sentissem que haviam acabado de interromper algo, uma das muitas discussões que os pais costumavam ter por causa de César.

Ficaram calados, olhando-se e olhando para os pais, até que Leonardo entrou, dizendo:

— Bom-dia, mãe!

Henrique e Bubka o acompanharam.

Ricardo olhou para Hilda, os dois olhando-se e acompanhando os filhos que se sentaram silenciosamente.

— Nós conversamos mais tarde, Hilda, prometeu ele.

— Mesmo, Ricardo? — perguntou, como se não acreditasse que o marido estivesse realmente interessado em voltar a conversar com ela sobre César.

Ricardo despediu-se dos filhos e saiu.

Virando-se para Leonardo, Hilda perguntou:

— Onde está seu irmão?

— Ele está lá em cima, mãe, dormindo...

Henrique, o mais novo, sacudiu uma das mãos diante do nariz e, fazendo uma careta, acrescentou:

— Tá fedendo, mãe...

SOZINHA

Às vezes, quando
olho para fora
É difícil ver o dia...

JARDIM DO ÉDEN
Slash/Rose

Henrique embarcou no ônibus escolar e, enquanto se sentava, acenou para Hilda parada no portão. Bubka, sentado obedientemente ao lado dela, acompanhou a lenta movimentação do ônibus com os olhos claros e antecipadamente saudosos, ganindo quando ele desapareceu na esquina.

Hilda sorriu para o pequeno *husky* e, puxando-o, abriu o portão.

— Ele não vai demorar, Bubka, prometeu, soltando-o da correia e fechando o portão.

O cachorro desapareceu rapidamente dentro da casa silenciosa. Hilda sentiu-se ainda mais só, abandonada no silêncio da sala com paredes e móveis tomados por uma pequena infinidade de retratos e quadros. Sentou-se no sofá ao lado da mesinha sobre a qual estava um retrato antigo — o primeiro de sua existência com o marido — onde ela aparecia ao lado de Ricardo, os rostos iluminados pelo sorriso sonhador dos vinte e poucos anos, César entre os dois, nada além de um menino rechonchudo e sorridente de dois anos.

Uma lembrança que a fez suspirar demoradamente, procurando livrar-se de uma prolongada angústia.

Sempre que olhava aquela foto, pensava em Henrique. Tinha medo de pensar em Leonardo.

Os dois eram mais novos do que César, e ela procurava acreditar que teria forças para mantê-los afastados daquela tentação que vitimara César tão facilmente.

A bebida...

Nem ela imaginava como tudo começara. Fora tão de repente. Tão imperceptivelmente lento e sem importância. Havia uma breve lembrança, algo quase esquecido, de um inocente primeiro gole num copo de cerveja do pai quando ele nem sequer tinha treze anos. Ela se lembrava do primeiro porre ao lado do pai e dos amigos depois de um jogo de futebol aos quatorze anos. Brigara com o marido e ficara quase uma semana sem falar com ele.

A solidão da casa silenciosa facilitava que uma lembrança sucedesse a outra, e Hilda via-se acossada por todas, uma cascata vertiginosa e implacável, um inimigo a mais, outro que não sabia como enfrentar, diante do qual se sentia fragilizada, impotente, irremediavelmente vencida e desorientada.

A culpa é sempre inevitável.

César...

É sua única culpa.

Há horas que pensa que pode estar exagerando, que as coisas não estão tão graves ou acontecendo da maneira que ela imagina freqüentemente.

César pode estar apenas vivendo uma fase comum à adolescência. Beber e, mais do que beber, embriagar-se, pode fazer parte daquele longo, conflituoso e preocupante itinerário de amadurecimento — o eterno errar e acertar da vida — de cada um dos muitos garotos e garotas que entram e saem daquela casa, o eterno e barulhento séqüito de amigos e admiradores de César.

Hilda não acredita. Intimamente gostaria de acreditar. Gostaria de crer que estava enganada, que exagerava.

Não acredita. Pior. Tem medo. Um pressentimento abala suas convicções e enche-a de novos e novos temores. Ela imaginava... Mas, depois de cada dia que passava naquela casa, convivendo e, muitas vezes, tropeçando com César, fingindo que nada estava acontecendo, rindo e se preocupando com Henrique e Leonardo, tentando fazer Ricardo se preocupar tanto quanto ela, começava a ter certeza.

César estava se transformando num alcoólatra.

ROCKSLIDE

Bem, eu sei.
Isso não é coisa
que se faça.
Não dá pra
resistir ao impulso ruidoso.

AMOR BARULHENTO
Soundgarden

De repente, um *rockslide* perfeito. César voou da borda do *bowl* para a vastidão inalcançável do céu azul, o trovejar das rodas do *skate* contra o cimento diluindo-se na gritaria da pequena multidão que se acotovelava à sua volta.

César! César! César!

A multidão grita seu nome. O sol fere seus olhos. Num vislumbre, como um *cowboy* delirante de um dos livros de William Gibson, ele vê o rosto sorridente de Nata materializar-se diante de seus olhos, perdendo-se e reaparecendo na confusão de rostos entusiasmados e sorridentes.

Nata linda.

Renata toda minha.

O doce cheiro dela está em seus cabelos, no lenço verde que prende os cabelos de César num rabo-de-cavalo. Roça em seu rosto suado no vaivém interminável, entre *carvings* e *rockslides.* O som de *Red Hot Chili Peppers* espalha-se interminavelmente pra todos os lados. Embala o entusiasmo de alguns que dançam e empurram César para um *aerial* de endoidecer, uma loucura que divide a multidão entre o espanto e o entusiasmo mais louco que se multiplica em gritos e assobios intermináveis.

Antonino e Nata se abraçam e pulam. Bubka late e agita-se, tentando soltar-se das mãos de Henrique. Ricardo sorri, orgulhoso. Os outros skatistas da *Skatemania* batem nas mãos uns dos outros; Ding e Dong fazendo e repetindo o famoso *pintinho* da vitória, muito conhecido entre os membros da Skatemania e das outras equipes.

Saindo do *bowl*, César correu na direção de Nata, beijando-a e abraçando-a, os dois sendo imediatamente cercados por Antonino Cosenza e os outros skatistas.

— Você estava demais hoje, garoto. — disse Antonino, molhado de suor e cheio de entusiasmo. Gordo e muito alto, os cabelos vermelhos e longos caindo sobre os ombros largos, aqui e ali interrompidos por uns fios prateados, fora o criador e era o único patrocinador da *Skatemania*, nome também de sua loja de material esportivo onde trabalha com Franco, seu filho, um dos membros da equipe. — Deste jeito, não vai dar pra ninguém na Copa Carioquíssima, na semana que vem no Parque Garota de Ipanema! Não vai, não!

César sorriu e, virando-se para Nata, perguntou:

— Você também acha?

Nata devolveu-lhe o sorriso e, abraçando-se a ele, beijou-lhe os lábios carinhosamente, contrapondo:

— Você ainda tem alguma dúvida?

Ela era miúda, a pele muito clara — daí a redução do nome para o apelido que Renata assumia sem maiores dificuldades, achando-o até carinhoso e engraçado. Sardas cobriam-lhe o rosto e os braços. Os cabelos dourados eram curtos, os olhos ligeiramente amendoados e de um azul simplesmente abissal. Úmidos como o carinho de um prolongado beijo apaixonado.

A camiseta que ela usava tinha seu rosto estampado. Brincadeira — presente e uma inegável fonte de lucros de Esquilo, outro membro do grupo e um verdadeiro gênio do *silk-screen* —, as camisetas da equipe também eram obra dele, um verdadeiro caleidoscópio holográfico de cores espalhadas com encantadora harmonia em um fundo amarelo.

— Vão entregar o prêmio, pessoal! — gritou o Boy, outro skatista da *Skatemania*, o mais novo, um tipo magricela avermelhado e de grandes olhos verdes esbugalhados. — Olha o troféu aí, gente!

Numa rápida e confusa solenidade, um dos organizadores do torneio entregou a César o troféu da equipe vencedora e aquele correspondente ao melhor desempenho individual — uma prancha de *skate* prateada sobre um pedestal de mármore; algo realmente bonito.

Novos gritos. Assobios. Comemorações.

Franco, o grandalhão de sorriso fácil e mãos enormes, com os cabelos tão vermelhos e longos quanto os do pai, presos por uma faixa de pano florido, corria ao lado de César com o troféu da equipe nas mãos. Esquilo ou *Capitão Sujeira* — como os outros skatistas gostavam de chamá-lo pela quase eternidade de seus tênis imundos, interminavelmente sujos ou cobertos de intrincados arabescos e insondáveis hieroglifos — outro magricela, os cabelos rapados recentemente — ele estava completamente careca —, pulava feito louco, abraçado a Balu, um negro esguio e de dentes alvíssimos, reclamando apenas dos *dreadlocks* dos cabelos de Balu que, de tempos em tempos, lhe atingiam o rosto.

— Uma dessas trancinhas vai acabar me deixando cego, negão! — resmungou, sorridente.

Ding e Dong, ou Lucas e Mateus, os gêmeos da equipe, pareciam dupla caipira, nariz de um, focinho do outro, repetindo interminavelmente o grito de guerra da *Skatemania*...

Skate vai, skate vem. Igual a gente, não tem!

Abraçada a César, Nata não se lembrava quando ou quem lhe dera a lata de cerveja. Mas, quando viu, a cerveja já estava nas mãos dele e ele bebia depressa, deixando até alguns companheiros embaraçados e fazendo Franco olhar para o pai, preocupado.

— Agora não, César! — disse ela, baixinho.

— Por que não? — surpreendeu-se, jogando a lata vazia fora e sorrindo. — A gente está comemorando, Nata! Temos o direito, não temos?

— É... — constrangimento e contrariedade se misturaram nos olhos de Nata. A segunda lata chegou quase ao mesmo tempo que Ricardo. César tomou um gole e deu um entusiasmado abraço no pai que o elogiou muito. Os dois acabaram dividindo a lata de cerveja, o que aborreceu Nata ainda mais. — Vai devagar, César...

Ele encarou-a com certa hostilidade.

— Qualé, Nata? Tá a fim de cortar minha onda, tá?

Nata não disse mais nada.

PIRAÇÃO

Nas muralhas dos
seus mistérios
Tudo toma um outro sentido.
Pra palavra na sua boca
Eu preciso de outros ouvidos.

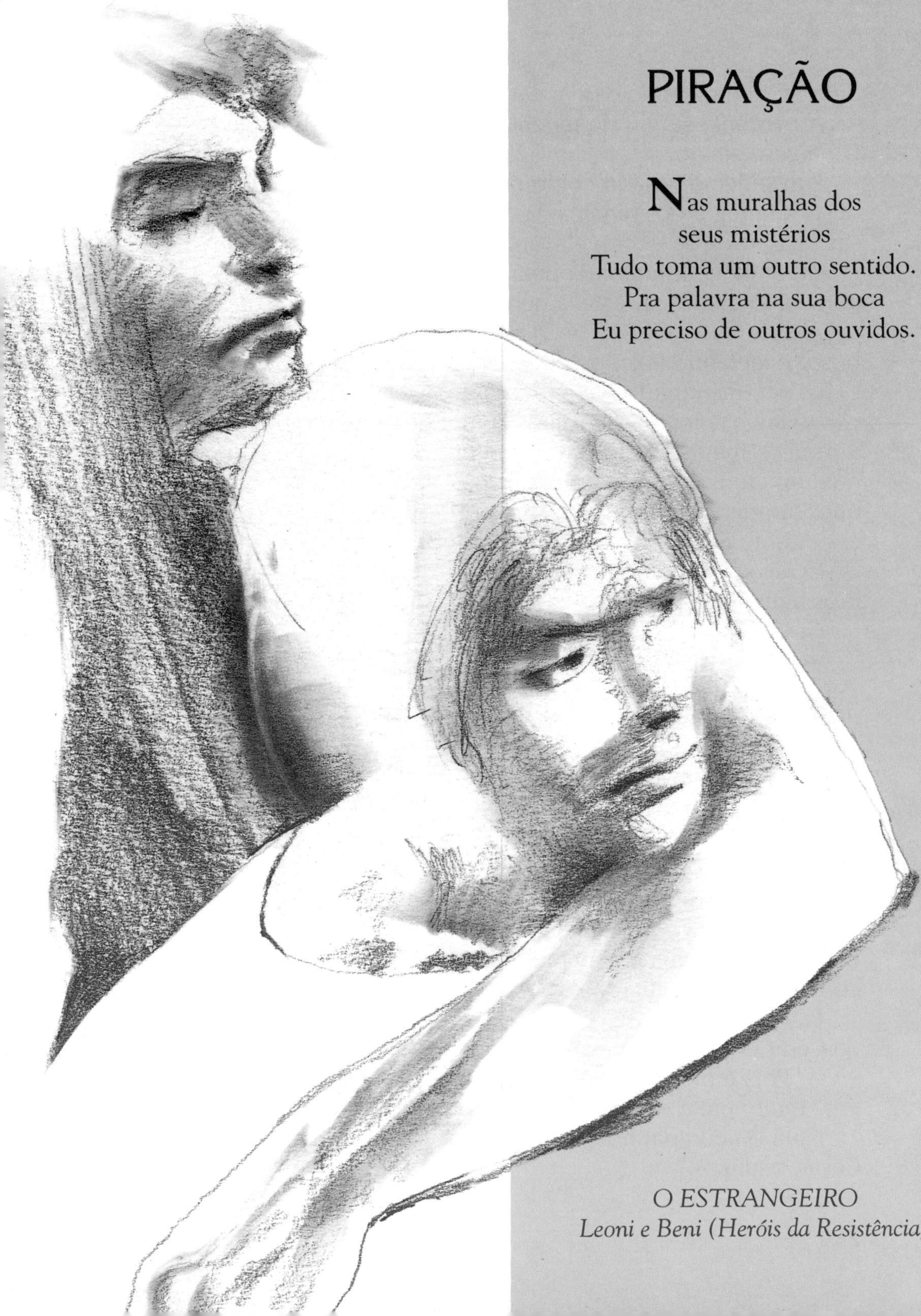

O ESTRANGEIRO
Leoni e Beni (Heróis da Resistência)

— Tá olhando o que, cara?

A pergunta surgiu de repente, mas com a hostilidade de sempre. De algum tempo.

Um silêncio pesado como o constrangimento tomou conta de todos. Nata fugiu dos olhares das outras pessoas que ocupavam as mesas vizinhas e se acotovelavam no balcão da lanchonete. Sentiu-se envergonhada, intimidada pela constatação de que todos já haviam percebido que César estava bêbado.

— Por favor, César... — disse, num fio de voz, agarrando-o pelo braço e tentando fazê-lo voltar a se sentar.

— Ah, me larga! — ele escapou de seus dedos com um safanão, com a raiva fazendo seus olhos cintilarem, fixos num dos três rapazes a poucos metros da mesa que ocupavam. — Pensa que eu não vi quando ele piscou o olho pra você? — César apontou para o rapaz que, surpreso, apontou para o próprio peito, como a se perguntar se era mesmo com ele. — É, você mesmo, seu engraçadinho!

O rapaz entreolhou-se com os companheiros e sacudindo os ombros num gesto de pouco-caso, reiniciou a marcha para o balcão.

César foi atrás dele, gritando:

— *Per'aí, mermão!*

Agarrou-o pelo ombro e o fez parar e se voltar para ele, aborrecido. Nata e os outros olharam desorientadamente de um lado para o outro, procurando o pai de César.

— Onde está ele? — perguntou o Boy, preocupado, enquanto César e o rapaz discutiam aos gritos.

— Sei lá! — respondeu Balu, os dois gritando e empurrando-se com crescente agressividade. — Eu vi o Antonino saindo com ele...

— Tinha um guarda olhando pro carro dele lá fora — informou Esquilo, preocupado, os olhos fixos em César, que empurrava o rapaz com quem discutia e era empurrado por ele. — Acho que eles foram conversar com o guarda...

Franco levantou-se, preocupado, e, encaminhando-se para junto de César e dos três rapazes com quem ele discutia, disse:

— Pois é melhor alguém ir chamar os dois. A coisa por aqui vai ficar muito preta se a gente não sair logo com o César!

Nata o acompanhou. Ele a deteve com o braço e, olhando para César, pediu:

— Vai lá, Nata. Chama o pai...

— Tá... — Nata correu para fora da lanchonete.

Franco se achegou ao amigo e aos três rapazes com quem ele discutia, pedindo:

— Vai com calma aí, César. Os caras...

César não gostou.

— Quem te chamou na conversa, Franco?

— Ô César...

— Olha, deixa que eu resolvo...

Um dos três rapazes virou-se para Franco e pediu:

— É melhor você levar seu amigo pra casa, cara. Ele tá no maior porre...

Franco colocou um dos braços sobre os ombros de César e tentou levá-lo de volta à mesa, dizendo:

— Vamos lá, César. Tá na hora de levantar acampamento. A gente já comemorou demais.

César empurrou-o, aborrecido.

— Qualé, Franco? Tu acha que eu vou sair assim depois que os caras mexeram com a minha gata?

— Eu não mexi com ninguém. — protestou um dos três rapazes. — Tu tá é vendo demais, mermão!

— Ah, é?

— Vendo, cara? — disse um segundo rapaz, sorrindo desdenhosamente. — Este cara não tá vendo nada! Olha só. O bicho tá mamadão!

Os três riram zombeteiramente e voltaram a caminhar na direção do balcão da lanchonete.

— Ah, seu... — César, irritado, tentou correr atrás deles.

— Qualé, mermão? — Franco agarrou-o pelas costas e, abraçando-se a ele, perguntou: — Que piração é essa?

— Me larga, Franco! Me larga, droga!

— Pára com isso, cara!

— É isso aí, mermão — disse Balu, aproximando-se dos dois. — Olha a baixaria!

— Chutar o pau da barraca agora é a maior furada, César — ajuntou Esquilo, tentando ajudar Franco e Balu a segurar o companheiro.

César empurrou-os e arremeteu gritando um palavrão. Atirou-se sobre as costas de um dos três rapazes, prostrando-o de bruços no chão.

— Xiii, sujou geral! — disse Ding, os olhos fixos, arregalados, acompanhando César e o rapaz engalfinhados e rolando pelo chão numa desajeitada mas violenta troca de socos.

Um dos três rapazes tentou puxar o amigo para fora da briga e, irritado, chutou César. Dong não gostou.

— Ei, pega leve aí, meu camarada, ou se não...

O segundo rapaz esmurrou-o. Ding amparou o irmão enquanto Balu derrubava o agressor com um murro. O terceiro rapaz entrou na confusão que se transformou rapidamente numa briga.

Cadeiras e mesas desabaram barulhentamente. Alguns freqüentadores da lanchonete correram para fora aos empurrões, enquanto outros se protegiam atrás do balcão. Henrique recuou, assustado, puxando Bubka pela coleira, ao ver algumas garçonetes precipitando-se sobre si numa correria assustadora.

— PAAAIIIIII!!!! — gritou, apavorado.

No momento seguinte, César desabou sobre uma mesa ainda engalfinhado com o rapaz, o nariz escorrendo sangue; nesse instante, Nata saiu da lanchonete.

LIMITES

Na sua indecisão
você nem viu.
Você não morreu
mas está sem vida.
Você está em xeque-mate, viu?
E o culpado é você.
Quem move as peças é você.

SEU JOGO
Plebe Rude

— Não há uma fronteira muito clara entre a simples embriaguez, quando a quantidade de álcool ingerida é bem maior do que a velocidade com que o organismo o metaboliza, quer dizer, o absorve, e o alcoolismo, disse a doutora Débora Medeiros, olhando para Hilda. — Aliás, trata-se de uma definição extremamente difícil.

Era uma mulher magra, de mãos de dedos longos e unhas bem curtas e cuidadosamente pintadas. Cores sóbrias. Gestos curtos e estudados. Os cabelos castanhos eram cortados curtos. O rosto afilado e ossudo e o queixo saliente eram inspiradores de uma segurança e tranqüilidade que agradaram Hilda. Vez por outra, a jovem doutora — Hilda não lhe deu mais de 30 anos — ajeitava os óculos no nariz ligeiramente arrebitado. Parecia ser um cacoete.

— Note bem, dona Hilda, prosseguiu, didática. — A fala pastosa, a diminuição da coordenação motora e o progressivo retardamento de suas reações, incluindo-se o fato de a visão e a audição ficarem prejudicadas, não quer dizer necessariamente que seu filho é alcoólatra. Diz apenas que seu filho bebe e bebe muito.

— Se a senhora o visse...

— A embriaguez não é um espetáculo bonito pra ninguém, eu sei, e imagino que para uma mãe deve ser ainda pior.

— A senhora nem imagina...

— Ele come direito?

— Ele vive beliscando, doutora. Ele bebe muito, e ultimamente qualquer coisa que lhe cai nas mãos. Uísque, conhaque, vodka e até cachaça, a senhora acredita? Isso...

— Isso é preocupante, pois são bebidas que possuem uma concentração alcoólica bastante alta, 40% ou 50%...

— Os números não me interessam, doutora. O que eu quero saber é se meu filho é um alcoólatra ou...

— Não é tão fácil responder a essa pergunta, dona Hilda.

— A senhora teria que examiná-lo?

— Certamente, mas não é apenas isso.

— Não? E o que mais?

— Eu não vou ocupar o seu tempo dando-lhe uma palestra sobre o alcoolismo, dona Hilda. Seria longa e não adiantaria nada. Além do mais, acho que não foi isso que a trouxe até aqui.

— Eu...

— Pelo que a senhora já me contou, o seu filho é um alcoólatra...

— Ele bebe praticamente desde os dez, onze anos, doutora. No início, era apenas por brincadeira. Farra pura. Um gole no copo de cerveja do pai, uma cerveja aqui, outra ali. Uma farra depois de vencer o primeiro campeonato semiprofissional. Essas coisas, a senhora sabe.

— O alcoolismo é bem mais do que a simples embriaguez. É um distúrbio crônico caracterizado pelo desejo de álcool e pela perda do controle sobre o seu consumo. Alguns especialistas até acham que não há cura para o alcoolismo, mas que ele pode ser reprimido através de um programa sério de abstinência...

A melancolia aumentou no rosto de Hilda.

— Meu filho, um alcoólatra...

— Aposto que ele vive se impondo normas para beber, coisas como "jamais bebo sozinho", "jamais bebo quando tem campeonato" e assim por diante, ou não?

— É, ele nunca bebe sozinho...

— Não passa de um disfarce para a verdadeira norma real de um alcoólatra, ou seja, "nada vai interferir com meu hábito". Esse ato de racionalizar, minimizar ou desculpar seu comportamento é outra característica de um alcoólatra.

— Ele está começando a se desinteressar até do *skate*. Continua participando dos campeonatos, mas vai porque os amigos insistem e o patrocinador reclama, mas já nem treina. Os irmãos já notaram que ele anda bebendo às escondidas durante a noite, e eu já o peguei bebendo de manhã logo depois de acordar. Dá pra notar quando ele quer beber, pois fica nervoso e suas mãos não param de tremer. Ultimamente ele acorda sempre queixando-se de mal-estar e coisas desse tipo.

— Beber de manhã e apresentar certas manifestações orgânicas, como o tremor das mãos, são alguns dos vários sinais que caracterizam um alcoólatra.

— Eu não entendo nada dessas coisas, doutora. O que faz uma criança como meu filho beber tanto? Nós sempre demos tudo o que ele e os irmãos precisavam. Somos uma família unida e eu e meu marido sempre tivemos o cuidado de não brigar ou discutir na frente das crianças. Para não traumatizar, a senhora sabe, né?

— Talvez a senhora e seu marido tenham muito pouco ou nada a ver com o alcoolismo de seu filho, dona Hilda.

— Mas há alguma coisa a fazer?

— Bom, sempre é mais fácil falar do que fazer. Da mesma forma que o alcoolismo envolve toda a família, ela pode ajudar o alcoólatra a vencer seu problema...

— Como?

— Ajuda a família a começar a sair do problema. Pare de assumir essa culpa que a senhora está tentando colocar sobre seus ombros, dona Hilda. Muitas vezes um alcoólatra necessita que a família acredite ter culpa de seu estado para que ele possa justificá-lo. "Eu bebo porque você me trata assim" ou "eu bebo porque não fez isso ou deixou de fazer aquilo", são afirmações comuns de um alcoólatra.

— Ele nunca disse nada parecido com isso...

— Mas dirá. Cedo ou tarde, na mesma proporção em que mais pessoas da família ou amigos forem tomando conhecimento de seu problema, ele negará e ficará procurando explicações para o que vem fazendo. Aposto que isso já deva estar acontecendo com relação ao seu marido...

— O que o Ricardo tem a ver com...?

— Inconscientemente ele deve estar aderindo ao processo de negação do problema. Sabe como é, não? "Beber é coisa de homem!", "é apenas uma farra!" ou "deixa o menino comemorar, mulher!" Tudo é melhor do que enfrentar o problema.

Hilda fungou, ansiosa, os olhos brilhantes de lágrimas que ela encontrava muita dificuldade em controlar.

— Meu marido bebe e nunca proibiu nenhum de nossos filhos de beber. Pra falar a verdade, há vezes que ele até os incentiva.

— Uma prova de masculinidade, talvez? Isso também pesa muito na hora de definir uma pessoa ou de procurar as origens do alcoolismo desta pessoa. O componente social e cultural tem um peso muito grande. Basta ver o que ocorre com a embriaguez entre mulheres.

— O que é que tem?

— Ah, ela é muito menos aceita do que a embriaguez masculina, exatamente porque quebra e desmitifica um pouco aquela imagem que se faz da mulher ou de seu *comportamento feminino*. Nos homens, a embriaguez segue uma trilha oposta, ou seja, a da afirmação de uma masculinidade. Adolescentes como seu filho são muito sensíveis a esse apelo. Provar a masculinidade pode ser uma forma de supremacia sobre os outros, uma maneira de conquistar mais e mais namoradinhas ou de alcançar mais rapidamente o respeito e a admiração no mundo dos homens. Ajuda também para que os outros desculpem e justifiquem o seu problema. Ajuda a escondê-lo...

— E como é que eu lido com esse problema, doutora? — perguntou Hilda, esfregando as mãos nervosamente uma na outra, angustiada. — O que eu faço?

— A senhora já fez ao vir aqui — a psiquiatra sorriu carinhosamente e acrescentou: — A senhora pediu ajuda, dona Hilda. Essa é a coisa mais sensata a se fazer. É difícil e quase sempre impossível tirar um membro da família desse problema sem ajuda.

— E a senhora me ajuda?

— Claro...

UMA QUEDA PARA O NADA

E agora eu ando
correndo tanto
Procurando aquele
novo lugar
Aquela festa
o que me resta
Encontrar alguém
legal pra ficar.

A CRUZ E A ESPADA
Paulo Ricardo e Luiz Schiavon
(RPM)

Os pneus do Monza cantaram no asfalto quando o carro fez a curva na Figueiredo Magalhães que o levou para a Avenida Atlântica. Esquilo girou o volante de um lado para o outro com violência, tentando impedir que o carro derrapasse. Achou graça quando um homem que atravessava a rua recuou atabalhoadamente para não ser atropelado e chocou-se contra a bicicleta de uma ciclista que trafegava pela ciclovia.

Gargalhou estrondosamente, atirando a cabeça para trás, ao vê-los — o homem, a mulher e a bicicleta — estatelarem-se no chão. Girou o volante para a direita, esquivando-se de um caminhão da Comlurb que saiu repentinamente da Paula Freitas, subiu no meio-fio e percorreu alguns metros sacolejando e atirando-se de um lado para o outro sobre a calçada. Chocou-se contra a barraca de um camelô e viu-o correndo para longe das camisetas e dos chapéus de palha que voaram para todos os lados junto com restos de caixas de papelão e com a barraca.

Mais gargalhadas.

Vendo alguns carros saindo da Prado Júnior, Esquilo ziguezagueou temerariamente entre eles e enveredou pela Princesa Isabel, passando na frente de um ônibus que atingiu seu carro de raspão no lado esquerdo.

O Monza voou, desgovernado, para cima de um Chevette que freou bruscamente. Dois carros que vinham atrás dele chocaram-se contra a sua traseira. A violência da batida arremessou o motorista para a frente, o peito dele chocou-se contra o volante e a cabeça, contra o vidro.

Esquilo procurou entre as várias latas de cerveja espalhadas pelo banco do carro, pegando-as, sacudindo-as e jogando-as fora, até encontrar uma ainda fechada e cheia. Atravessou o túnel tentando abri-la. Passou pelo Rio Sul com a lata escorregando-lhe por entre os dedos. As pessoas que atravessavam a rua em frente ao Canecão recuaram ou correram para a calçada, abrindo caminho para que ele conduzisse o Monza velozmente para a Venceslau Brás. Quase se chocou com alguns carros que saíam da General Severiano. O carro foi pra lá e foi pra cá, escorregando no asfalto, os pneus cantando e levantando uma nuvem de fumaça.

Palavrões e xingamentos soaram no ar e pelo menos um dos motoristas brandiu o punho cerrado ameaçadoramente. Esquilo gargalhou, divertindo-se com a irritação deles, e abriu a lata de cerveja.

Tomou dois goles, a cabeça novamente atirada para trás, a cerveja escorrendo-lhe pelos cantos da boca, derramando-se pelo queixo, pescoço, e molhando a roupa. A descida ligeiramente inclinada da Nestor Moreira o arremessou com redobrada velocidade e dificuldade — o carro saltava como um cavalo selvagem, insubmisso, em suas mãos — cruzando a praia de Botafogo e a do Flamengo, antes de rumar para o Aterro, misturando-se aos outros veículos.

Outros goles de cerveja. Esfregou os olhos, sentindo dificuldade para mantê-los abertos.

— Eu tô numa boa, galera! — gritou, antes de berrar uma infinidade de palavrões para os ocupantes dos carros que ultrapassava veloz e loucamente. — Tô mesmo...

Atirou algumas latas de cerveja vazias contra os carros que deixava para trás e tateou entre as outras, procurando outra lata cheia e fechada. Soltou um palavrão, contrariado, ao não encontrar nenhuma.

— Droga! Vou ter que arranjar mais cerveja. — Inesperadamente, girou o volante para a esquerda e tentou rumar para a Avenida Rio Branco, na contramão.

Seus olhos se arregalaram quando ele viu um ônibus crescendo diante dele, aproximando-se inevitável e perigosamente.

— Meu Deus...

O choque foi estrondoso.

O motorista do ônibus ainda tentou evitá-lo, desviando para a direita. Inútil. Atingiu o Monza de lado e o carro ainda rodou por alguns metros, apoiado apenas nas duas rodas do lado esquerdo, antes de capotar várias vezes e chocar-se contra vários carros estacionados junto ao passeio público.

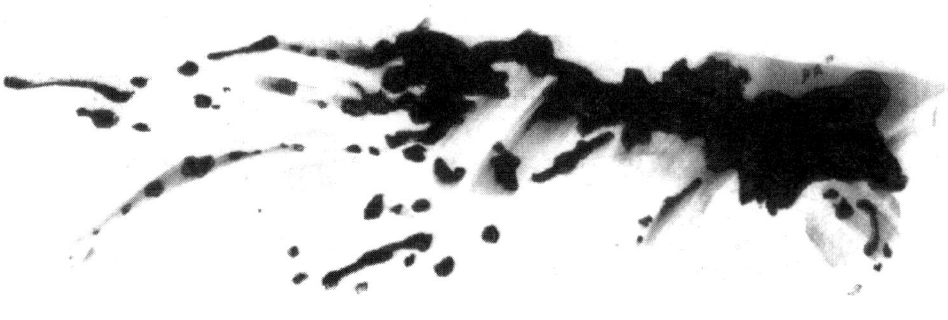

RESSACA

Eu não reconheço mais
Olhando as fotos do passado
O habitante do meu corpo
Esse estranho *doublé* de retratos.

DOUBLÉ DE CORPO
Leoni e Lulu Martin
(Heróis da Resistência)

A cabeça pesa tonelada e meia. Por um instante, não há chão, nada em que pisar. O lençol torna-se algo áspero, que fere as mãos. César abre os olhos com muita dificuldade.

As pálpebras ardem. Pesam. Alfinetes invisíveis penetram fundo em sua cabeça. Algumas daquelas milhares de alfinetadas são especialmente lancinantes. Não dá nenhuma vontade — nem a menor — de levantar da cama. Há um gosto amargo na boca. Uma secura inesperada e inexplicável. O estômago reclama por alguma coisa, mas reclama.

Finalmente a vontade de levantar da cama é maior. César tenta.

Por onde começar?

A pergunta soa idiota entre os incontáveis pensamentos que fervilham em sua cabeça. Ele ri de si mesmo. Acha graça e resolve levantar-se.

O que eu faço primeiro?

Outra pergunta. Outra tolice. Uma dúvida constrangedora.

Senta-se à beira da cama. No chão há os restos desagradáveis e malcheirosos de uma noite desagradável e possivelmente malcheirosa. Vômito. Seu jantar está todo ali, embora ele não se lembre de ter jantado em casa.

Onde jantara?

Olha para os pés e, depois, para as mãos.

Como é que é mesmo?

Levantar-se e caminhar. Primeiro o pé direito e depois o pé esquerdo.

Será que é isso mesmo?

Talvez seja melhor com as mãos.

Primeiro a mão direita e depois a mão esquerda.

Hesita. Teme que o corpo não agüente nem uns poucos minutos de pé. Receia que as pernas não suportem seu próprio peso. Algumas dezenas de quilos parecem ser metodicamente adicionadas ao peso de sua cabeça. Os braços estão moles como duas longas tiras de macarrão. A bexiga parece estar a ponto de explodir. Precisa ir bem depressa ao banheiro, a qualquer banheiro. A cabeça não está em melhor estado. Quando se inclina um pouco, só um pouco, tem a impressão apavorante de que ela vai se soltar do corpo numa grande explosão que arremessará seu couro cabeludo para o alto. Sorri só de imaginar o couro cabeludo pregado no teto numa pasta viscosa de sangue e gel para os cabelos.

Nunca havia enfrentado uma ressaca daquelas.

Levanta-se bruscamente e apavora-se ao ver o quarto ganhar vida à sua volta e girar, girar, girar, girar interminavelmente. Torna a se sentar. Nesse momento, a porta do quarto se abre e Leonardo entra. Encosta-se num dos lados da porta, os braços cruzados sobre o peito, a cara amarrada. O olhar recriminador aborrece César.

— Qualé? — ele pergunta, contrariado.

Leonardo faz um muxoxo de aborrecimento, descruzando os braços, e dispara:

— O Esquilo morreu!

Em seguida, afasta-se, fechando a porta atrás de si.

— Quê? — César, pálido e boquiaberto, não consegue acreditar.

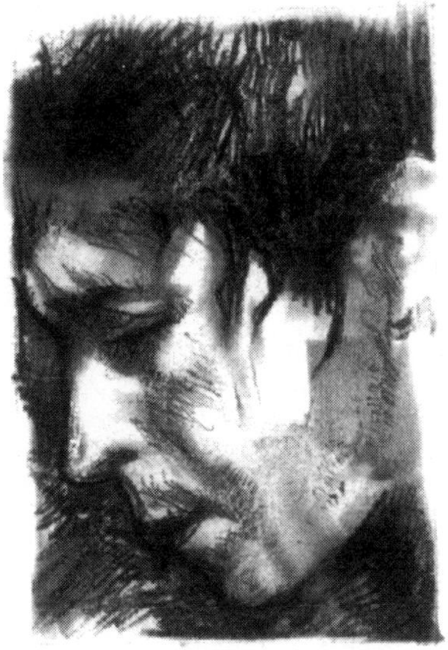

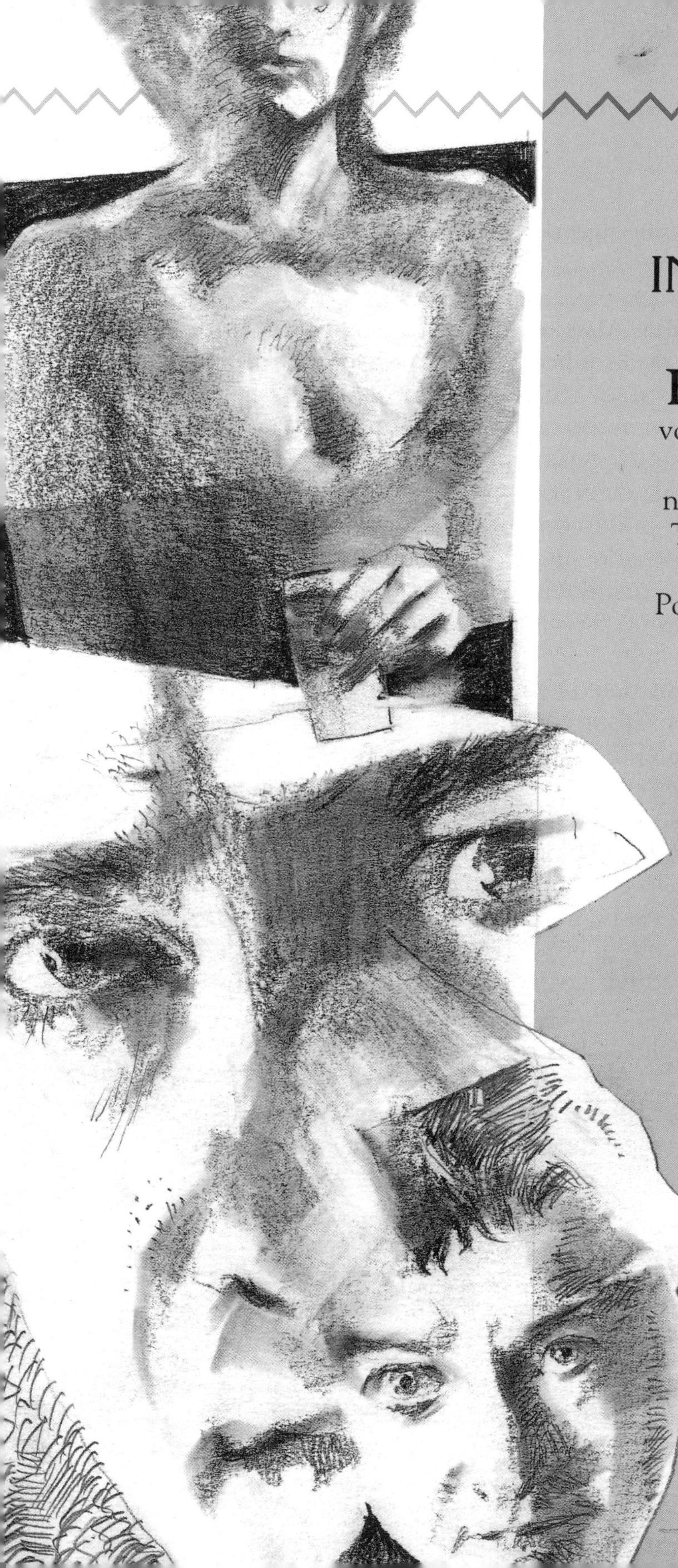

MÁ-INFLUÊNCIA

Está na boca do povo:
você está fazendo o mal.
Vão te trancar e
não vai demorar muito.
Teus olhos mentirosos
vão te dizer direito.
Por isso preste atenção...

MAU
Michael Jackson

César viu que havia algo de novo na maneira com que todos o olhavam.

Acusação.

Ninguém disse nada. Aliás, o silêncio foi algo que também o incomodou no enterro do Esquilo. Ninguém disse nada. Algumas coisas foram ditas, mas não a ele. Mesmo os outros membros da *Skatemania* não falaram muito com ele e alguns até chegaram a evitá-lo ou se sentiam constrangidos diante dele.

Ninguém falou nada sobre o Monza que o Esquilo tinha roubado do estacionamento do prédio onde morava e dentro do qual ele tinha morrido. Nada. Um pesado silêncio tomou conta de todos. Entre os skatistas, César sabia, o silêncio era responsabilidade de Antonino Cosenza. Ele tinha pedido aos amigos e companheiros de Esquilo que evitassem tocar no assunto.

— A mãe e as irmãs dele já sofreram demais — argumentou ele.

Até em seus olhos, César encontrou acusação. Antonino não disse nada, mas era perceptível a frieza e uma certa contrariedade em seus modos, principalmente em sua voz, sempre que se falavam.

Ele não dizia, mas César percebera que Antonino estava aborrecido. Tanto Antonino quanto os outros sabiam como ele e Esquilo eram ligados. Como o Esquilo era mais novo do que César, desconfiava que muitos daqueles que estavam acompanhando o enterro do Esquilo acreditavam que fora ele quem levara o amigo ao vício da bebida e, em seguida, à morte. Ouvira os cochichos entre Ding, Dong e alguns outros skatistas. Todos falavam do último porre dos dois num bar perto do Colégio. Alguns deles tinham visto os dois bebendo no bar.

Acusação.

Estava em todos os olhos. No silêncio interrompido apenas pelo choro miúdo, mas persistente, da mãe e das irmãs do Esquilo. Na maneira como um ou outro o olhava ou na rapidez monossilábica com que vários skatistas se despediram de César. Os pais de muitos deles chegaram a impedi-los de conversar com César.

— Esse rapaz não é boa companhia pra ninguém! — resmungou alguém atrás dele, enquanto passava misturado às outras pessoas que saíam do cemitério.

Era o que todos pensavam.

Poucos diziam com todas as letras, mas aquelas palavras deviam estar zanzando por suas mentes, alimentando a crescente hostilidade e condenação em seus olhos; o silêncio persistente que fez com que todos deixassem César sozinho na porta do cemitério.

Nem mesmo Nata se aproximou. Como os outros, ficou de longe, ao lado do Boy. Quando César tentou se aproximar, ela fugiu, escondendo-se no carro dos pais de Ding e Dong, com quem foi embora.

Pela primeira vez na vida, César viu-se inteiramente só. Irremediavelmente abandonado. Uma sensação opressiva, sufocante. Desagradável.

VÔO CEGO

Eu sei que a vida inteira
Eu vou procurar
desculpas pra mim mesmo
Pra tudo que eu faço,
e o que fizer
Das culpas me desfaço.

TEORIA
Biquíni Cavadão

Apenas o Franco apareceu. Ele e o pai. Ninguém mais.

Há mais de uma semana que o resto da equipe não aparecia no *bowl* para treinar. Quando apareciam, invariavelmente preocupavam-se — ou eles ou seus pais, nem mesmo Antonino sabia com certeza — em ir num horário diferente daquele em que César habitualmente aparecia. Não era necessário ser muito inteligente para perceber que todos o estavam evitando. Mesmo Franco e o pai demonstravam estar muito pouco à vontade na presença dele.

Sorriam. Procuravam aparentar tranqüilidade e, acima de tudo, normalidade. Evitavam falar em Esquilo ou nos outros skatistas da *Skatemania*. Quando César perguntava sobre as competições de que participariam, desconversavam. Sorriam novamente. Aliás, era o que mais faziam.

Sorriam para esconder seus verdadeiros sentimentos ou pelo menos aquela inquietação intermitente que aparecia em seus olhos sempre que olhavam para César.

Sorriam quando inventavam alguma desculpa ou explicação para o repentino desaparecimento dos outros membros da *Skatemania*.

Sorriam quando César perguntava sobre o calendário de competições da *Skatemania* ou quando não o convidaram para participar de um torneio interestadual em São Caetano do Sul.

— Todos sabiam que eu queria participar desta competição — reclamou, contrariado. — O skatódromo de São Caetano do Sul é o melhor do Brasil e todo o mundo sabia que eu sonhava em participar do torneio do *Bliss*.

Sorriram quando mentiram para ele.

— Nem nós sabíamos que haveria o torneio — doeu ver o Antonino Cosenza mentindo daquela maneira, procurando esconder que tinha sido a pressão dos pais dos outros skatistas, que não queriam ver seus filhos misturados com César, que o havia afastado da viagem. — Eles avisaram na última hora e nós não tivemos tempo de avisá-lo, Cesinha!

Eles não paravam de sorrir.

Eles já encontravam dificuldades para mentir.

César preferiu poupá-los de tão grande constrangimento e depois de duas semanas treinando solitariamente no *bowl*, simplesmente deixou de ir. Também já não ia à escola — muitos dos que freqüentavam os *bowls* e os *half pipes* e enchiam as competições de *skate* com seus gritos e sorrisos estavam nas salas e nos corredores do colégio, olhando-o, condenando-o, espreitando silenciosamente. Passava pouco tempo em casa. Mentia que ia para a escola ou que ia treinar. Tudo para não ficar à mercê dos olhares e da proximidade espreitadora e igualmente silenciosa da mãe. Ela o aborrecia porque o vigiava, o cercava, andava sempre pisando seus passos, próxima, como se estivesse sempre pensando em alguma coisa, como se tivesse algo a lhe dizer.

Uma bronca.

Dava para ver na cara dela que era uma bronca. Há semanas que ela parecia ter uma palavra na ponta da língua e esperava apenas pela melhor oportunidade — um pretexto, por menos importante que fosse — para dizer tudo o que tinha na cabeça.

Não havia a menor dúvida. Ela queria dizer alguma coisa. Não, ela queria dizer muita coisa. César não conseguia ficar muito tempo perto dela sem ter a impressão desagradável de que ela queria gritar, falar, dizer coisas muito duras para ele. Sua mãe parecia até mesmo angustiada com o prolongado silêncio a que se entregara nas últimas semanas.

Encurralado.

César sentiu-se completamente encurralado, acuado, evitado pelos amigos e colegas (nenhum deles parava mais do que uns poucos minutos em sua companhia ou simplesmente o evitavam quando os procurava em suas casa. As desculpas eram as mais variadas e até bem imaginativas, mas mesmo assim não passavam de desculpas. Doía surpreendê-los mentindo daquela maneira); recriminado por seus olhares. Sentia falta de Nata. Ela não ligava mais. Sumira como os outros. Treinar era uma eterna fonte de constrangimentos para ele e para os outros. O pai andava sempre apressado e ocupado. Leonardo não saía da casa do avô (César tinha quase certeza de que ele fugia de sua presença e do clima de tensão latente que existia em sua casa) e Henrique só tinha olhos e carinhos para Bubka (ele parecia colocar propositadamente o belo *husky* siberiano entre ele e as confusões que pareciam estar prestes a acontecer em casa. Vivia com o cachorro pelas ruas ou nas casas dos colegas). Sempre que pensava na mãe, César lembrava-se de seus olhares de contrariedade e temia aquelas palavras que pareciam estar prestes a desabar sobre ele numa enxurrada de recriminações.

Numa certa manhã, ele simplesmente voltou a beber.

ABANDONADO

Disseste que se tua voz
tivesse força igual
À imensa dor que sentes
Teu grito acordaria
Não só a tua casa
Mas a vizinhança inteira.

HÁ TEMPOS
Legião Urbana

César cambaleou, as mãos tateando inutilmente o vazio do ar, procurando apoio, tentando evitar o inevitável de outra queda. Esparramou-se de bruços no chão. O *skate* que carregava debaixo do braço caindo e rodando ainda por uns poucos metros.

Ele achou engraçado; o joelho esquerdo lambuzado com o sangue que escorreu de um arranhão por toda a perna. Riu, e o riso rapidamente transformou-se numa longa gargalhada que fez seu corpo agitar-se estranhamente, como que atingido bruscamente por uma descarga elétrica.

O cheiro de bebida impregnou-se no ar. César engatinhou e, depois de alguns segundos, conseguiu equilibrar-se de modo vacilante sobre as pernas. Apoiando-se na grade metálica que rodeava o *bowl*, inclinou-se e apanhou o *skate*. Abraçou-o com força, como se não houvesse nada mais importante na vida para ele, como se nada além do *skate* o ligasse à própria vida ou ao prazer de viver.

A noite sem estrelas, a lua desaparecendo atrás de algumas nuvens de tempos em tempos, apenas aumentava aquela sensação angustiante de solidão. Nem a bebida conseguira despojá-lo da solidão. Parecia que aquela sensação desagradável apenas desaparecia por um instante, mas para reaparecer mais adiante, mais forte, mais opressiva, mais impiedosa.

Irritado, atirara a última garrafa que tinha na mão para bem longe e se abraçara ao *skate*. Nada mais importava. Nada podia ajudá-lo. Nada continuava como antes a não ser seu *skate*.

Abandonado.

Era uma novidade para César. Algo realmente angustiante.

Ele que se habituara a viver cercado de admiradores e amigos, que se acostumara a ouvir seu nome repetido e muitas vezes gritado, sentia falta da admiração e dos elogios, até da inveja dos adversários. Assustava-se diante da hostilidade de uns, da recriminação de outros e da indiferença de outros tantos.

A solidão do *bowl* o trouxe de volta à realidade amarga em que vivia há mais de um mês, desde que Esquilo morrera.

Nem amigos.

Nem admiração.

Nem competições.

Mas, principalmente, sem Nata.

Doía demais.

— Quem liga pra eles? — gritou, enfurecido, os joelhos dobrando-se e a embriaguez quase o derrubando novamente. Agarrou-se à grade, esforçando-se para permanecer de pé. Abraçou-se ao *skate* e beijou-o carinhosamente, acrescentando: — Nós temos um ao outro, não é mesmo, queridinho?

Cambaleou na direção de uma abertura na grade. Difícil. Tropeçou uma ou duas vezes nas pernas e quase caiu. Ânsias de vômito o fizeram parar e lutar para não sujar-se mais uma vez (a camisa já estava suja e fedia quase que insuportavelmente). Suspeitava que a mãe estivesse colocando alguma coisa em sua comida. Já havia ouvido falar de certos remédios que as pessoas costumavam colocar na comida de parentes que bebiam muito. Tudo para fazê-los parar de beber. Invariavelmente tais drogas faziam os alcoólatras vomitarem e vomitarem muito. O suficiente para que, supunha-se, associassem o uso de bebidas àqueles vômitos prolongados e à sensação desagradável que provocavam.

Soltou um palavrão.

Parecia que todos estavam contra ele.

— Que mal há em beber um pouco? — perguntou, dirigindo-se ao *skate* que abraçava afetuosamente, como se esperasse que ele respondesse àquela indagação. — Há vícios bem piores, você não acha? — sua pergunta perdeu-se mais uma vez no silêncio da noite escura e nublada. — Claro que acha... somos amigos, não somos? Amigos nunca abandonam amigos apenas por um errinho ou outro. Nem julgam a gente!

Colocou o *skate* no chão e apoiou um dos pés nele. Olhou para o *bowl* vazio e tomando uma forte respiração, os pulmões enchendo-se de ar e a cabeça girando, atingido por uma repentina tonteira, disse:

— Lá vamos nós, amigão!

Desceu velozmente para o fundo da pista. Um *rockslide* vacilante sucedeu a um *carving* arriscado. Um *fifties* temerário, desequilibrado, empurrou-o para um *fake* desengonçado, para apenas conseguir se manter sobre o *skate*.

O trovejar das rodas do *skate* atritando contra o fundo infinito do *bowl* invadiu seus ouvidos. Fez seu coração bater mais forte e abstraiuo de todos os temores possíveis e imagináveis. Como que saído do sonho mais encantador, o dia virou noite e a noite virou dia. A escuridão do céu nublado transformou-se no azul quente e amistoso, saudoso, de dias melhores. Ele viu as bordas da pista encherem-se mais uma vez com os rostos e os gritos da multidão de amigos e admiradores que o acompanhavam.

Delírio. Sonho. Imaginação.

Pouco importava.

Não havia mais solidão.

Não estava mais abandonado.

Estavam todos ali. Num dia claro e ensolarado. Gritando seu nome. Empurrando-o para exibições ainda mais ousadas. As guitarras alucinantes do *Inxs* ou do *Red Hot Chili Peppers* soaram em seus ouvidos, quebrando o silêncio hostil da noite que sumiu repentinamente, para trazer de volta a alegria dos dias de sol e céu azul.

Ilusão?

Que fosse uma ilusão. Era tudo o que ele precisava para voltar a ser um pouco feliz.

Deslizou pela borda do *bowl*.

— Perfeito! Perfeito! — gritou depois de um *rockslide*, a cabeça girando, os pés escorregando do *skate*.

Desceu mais uma vez.

Outro *carving*.

Tonteira aumentando.

Repentinamente, um *aerial* o arremessou para o vazio, e César sentiu o *skate* escapar-lhe, voar para longe de seus pés.

— Meu Deus! — gemeu ele, apavorado, sentindo-se puxado para o fundo do *bowl* por uma força irresistível, caindo, caindo e caindo.

O *skate* caiu antes e chocou-se com força contra o cimento. Um barulho seco e breve em seus ouvidos. No momento seguinte, César viu o chão aproximar-se rapidamente, como que adquirindo vida, um imenso e ameaçador monstro de cimento a atingi-lo na cabeça.

Depois disso, sumiu tudo. Ele sentiu o corpo inteiro estremecer e sacudir-se convulsivamente, mergulhando num torpor surpreendente.

Sentiu frio.

O céu azul desapareceu.

A música das guitarras do *Inxs* e do *Red Hot Chili Peppers* diluiu-se no frio abraço do esquecimento.

As multidões barulhentas transformaram-se numa ilusão que se esvaiu no silêncio hostil da noite escura e nublada.

César tornou-se intangível. Não sentia mais seu corpo, caindo e caindo depressa num mundo escuro e abissal. Depois da escuridão, veio o nada mais absoluto. Um negrume tão intenso quanto o medo. O medo de não despertar nunca mais.

DECISÃO

Você diz que quer viver
alguma mudança para
uma vida mais intensa.
Você diz que precisa
de excitação para
se sentir vivo.
Algum lugar a um milhão
de milhas das sombras
que te cercam.

O PARAÍSO É AQUI
Tina Turner

— Foi grave? — perguntou a doutora Medeiros.

— Ele bateu com a cabeça... — foi a única coisa que Hilda conseguiu dizer enquanto via o médico e a enfermeira se distanciarem pelo corredor do hospital.

— Traumatismo craniano?

Hilda sacudiu a cabeça negativamente.

— O doutor disse que ele teve muita sorte de não ser — virou-se para a psiquiatra e acrescentou: — Mas ele vai ter que ficar internado alguns dias e... — Hilda hesitou por um instante, olhando-a fixamente.

— E?

— Bem, eu estava pensando, doutora...

— Em quê?

— Não haveria um jeito de deixar meu filho internado neste hospital?

— Mas ele já está internado.

— Não, não. Não é isso.

— E o que é então?

— Eu queria saber se não haveria um jeito de deixá-lo internado para se tratar do alcoolismo.

— Eu bem que gostaria de dizer que é uma boa idéia, dona Hilda...

— Este hospital não trata de alcoólatras? A senhora poderia indicar um que...

— Eu bem que gostaria, mas infelizmente não há nenhum. Aliás, no Brasil as pessoas costumam imaginar que é uma boa idéia deixar os parentes alcoólatras em hospitais para que sejam tratados. — Débora Medeiros olhou fixamente para Hilda e acrescentou: — A idéia é tão ruim quanto a de administrar drogas antiálcool em alcoólatras sem a orientação de um médico, dona Hilda.

Hilda baixou os olhos, constrangida.

— Eu sei... quer dizer, agora eu sei.

— O que a senhora colocou na comida dele? Dissulfiram? Alguma droga emética que...?

— Eu não sei. Foi uma vizinha que me disse que tinha usado com o marido e...

— E a senhora achou que poderia servir também para o caso do seu filho, não? Eu sei como é isso. Aliás, essa é uma das maiores se não a maior razão para que internações de alcoólatras em hospitais não sejam recomendadas nem recomendáveis.

— Hem?

— As pessoas, e eu não falo apenas das pessoas em nosso país, de uma maneira geral, estão acostumadas a atribuir aos hospitais a responsabilidade e a capacidade de terem cura para todos os males que nos afligem. Não é bem assim, e no caso dos alcoólatras não é mesmo. Aqui no Brasil nós não temos muitos meios à disposição para combater o alcoolismo em hospitais. Os poucos que existem são do tipo que poderíamos chamar de *modelo único*, ou seja, tratamentos massificados, ignorando as particularidades de cada caso. Não há um só tipo de alcoólatra, e os poucos tratamentos existentes no Brasil ainda ignoram essa multideterminação dos casos de alcoolismo. Portanto, a internação em hospitais acaba levando todas as partes à frustração. Os alcoólatras retornam ao vício, pois a idéia que têm é de que "nem o hospital" resolveu o problema deles. No Brasil, em especial, existe até a chamada *Síndrome da Porta Giratória*, que designa os casos de alcoólatras que vivem sendo recebidos e reinternados em hospitais — em parte por causa da miséria existente em seus lares, o que faz com que eles transformem os hospitais numa espécie de segunda casa. Por outro lado, as famílias também perdem a esperança pelo fracasso do *tratamento hospitalar*, e os médicos se sentem mal por não poderem corresponder a tais expectativas.

— Mas eu tenho que fazer alguma coisa para ajudar meu filho, doutora!

— A senhora já lhe perguntou se ele quer largar o vício?

Hilda encarou Débora, espantada.

— Como é?

— Há uma máxima entre os que lidam com alcoólatras que garante que sair da dependência do álcool é mais fácil para quem conta com um maior suporte social...

— Não entendi.

— O *ter o que perder* com a dependência é fundamental. Não estou falando do fator financeiro ou econômico. No caso do seu filho, ele perdeu um amigo por causa da bebida, os outros amigos se afastaram dele, a namorada o largou, a família o evita. Tudo isso é perda. O fato de não ser mais convidado para competições de *skate* e de estar afastado de sua equipe também influi. O que temos que ver é se isso será suficiente para que seu filho se anime a lutar contra o vício e a dependência da bebida.

— A senhora acha que ele consegue?

— Vai depender do interesse dele. Principalmente, da disposição dele em enfrentar os problemas que surgirão quando ele parar de beber. Eu não sei em que estado ele se encontra, mas em estágios mais avançados de dependência, a *síndrome de dependência*, ou seja, o mal-estar intenso que aparece quando paramos de beber ou de usar qualquer tipo de drogas, pode ser muito grave, chegando até a forma de *delirium tremens*, tremores, delírios, convulsões e taquicardia. Qualquer pessoa tem que estar motivada para fazer todo tipo de sacrifício, e essa motivação tem que ser ainda maior quando se trata de romper com a dependência alcoólica.

— Os *Alcoólicos Anônimos* poderiam nos ajudar?

— Novamente eu volto ao fato de haver muitas determinantes para a dependência alcoólica. Da mesma forma, há pessoas que se adaptam ao trabalho dos AA e há outras que não conseguem. Os AA se reúnem em grupos formados exclusivamente por alcoólatras, e suas reuniões consistem quase que basicamente em depoimentos que cada participante faz de sua experiência pessoal de dependência. Para eles, o alcoolismo em si é incurável — inclusive, eles costumam fazer uma analogia entre o alcoolismo e o diabetes, ou seja, da mesma forma que o organismo de um diabético tem uma incompatibilidade com o açúcar, o organismo do alcoólatra a tem com o álcool. O alvo a ser atingido por eles é a abstinência total, pois todos pensam que um primeiro gole pode desencadear todo um novo processo de dependência. Não é por acaso que o lema dos AA americanos foi traduzido entre nós por algo como "Evite o primeiro gole".

— A senhora teria o endereço de algum desses centros de AA, doutora?

— A senhora quer levar seu filho até eles?

— Acho que sim...

— Mesmo sabendo que os AA não são uma panacéia infalível? Há certas pessoas, principalmente aquelas que estão num grau menor de dependência alcoólica, que encontram certa dificuldade em se adaptar aos AA.

— Acho que prefiro correr o risco a continuar vendo meu filho destruir-se dessa maneira, doutora.

— Está bem. Vou levá-la até os membros de um desses grupos. Aqui mesmo neste hospital há um dos chamados *grupos terapêuticos* ligados aos AA, que costumam dar esclarecimentos sobre o alcoolismo, fazendo palestras e falando aos pacientes sobre seus malefícios.

— Ah, será ótimo!

— Mas a senhora não gostaria de conversar antes com seu marido?

Nesse momento, a voz de Ricardo soou atrás de Hilda, perceptivelmente contrariada.

— Conversar sobre o quê? — perguntou ele.

Hilda se virou e o viu se aproximando ao lado de Leonardo, Henrique e Antonino Cosenza. Ela olhou-os, vacilante.

— Hilda... — insistiu Ricardo.

Ela tomou uma forte inspiração, como que querendo se investir de coragem e determinação para responder àquela indagação.

— Vou levar o César para um encontro dos AA, Ricardo — respondeu finalmente.

— Você vai o quê? — espantou-se ele, ainda mais contrariado.

— Você ouviu muito bem, Ricardo!

— Nós vamos ter que conversar mais sobre isso, Hilda.

— Eu acho que não. Eu vou levar o César aos...

— Meu filho não é nenhum alcoólatra...

— É sim e só você não está querendo aceitar isso!

— Eu...

— Eu posso levá-lo sozinha, mas seria melhor que todos nós o acompanhássemos, Ricardo. Vai depender apenas de você.

Ricardo olhou para todos os que estavam à sua volta, com certo embaraço, detendo o olhar finalmente em Débora Medeiros.

— Vai? — perguntou.

A psiquiatra olhou para Hilda e encarou Ricardo com um sorriso cheio de compreensão.

— Possivelmente será a melhor coisa que o senhor poderá fazer por seu filho, seu Ricardo — garantiu.

Hilda colocou um dos braços sobre os ombros de Leonardo, que sacudiu a cabeça afirmativamente e, olhando para o pai, concordou:

— É isso aí, pai!

Ainda não totalmente convencido, Ricardo virou-se para Hilda e resmungou:

— Tudo bem, a gente vai...

A PRIMEIRA BATALHA

Me sinto tão extraordinário
Algo tomou conta de mim
Estou com essa sensação
de estar em movimento
Uma circunstância da liberdade
É provável que tenhamos
ido longe demais.

A VERDADEIRA FÉ
New Order

César olhou para a porta fechada e hesitou, como que intimidado pelo duplo "A" azul num fundo branco que ocupava um pequeno espaço no alto da porta.

Virou-se para Hilda e os outros. A doutora Débora Medeiros se aproximou dele e, sorrindo carinhosamente, animou-o, dizendo:

— Ninguém disse que seria fácil, César. O primeiro passo é apenas a primeira batalha numa guerra muito longa e penosa...

— O que está me incomodando é a dúvida, doutora... — confessou César, apreensivo. — Eu não sei se vou ganhar esta guerra.

— Sozinho não vai, não. Você vai precisar de companheiros nesta guerra. Soldados de verdade. Eles estão lá dentro, atrás daquela porta...

— Eu...

— O convívio com os membros de um grupo dos AA é muito importante para alguém em seu estado, César. O papo entre as pessoas que enfrentam ou já enfrentaram diferentes níveis de dependência alcoólica, a idéia de pertencer, e mais, de se identificar com seus membros, de ter um lugar entre eles ou de ter a certeza de que eles sempre estarão dispostos a ouvi-lo é algo muito bom para alguém em sua situação... — Débora olhou rapidamente para Hilda e os outros, antes de tornar a encarar César e acrescentar: — Alguém que sente que está perdendo a família e os amigos devido a sua dependência. Além do mais, é tudo de graça; e isso é muito importante, principalmente num país como o nosso, onde a grana está curta e a inflação lá no alto.

— Claro, doutora, concordou César sem muita convicção.

Tornou a olhar para Hilda e o resto da família.

Ricardo levantou o polegar da mão direita e sacudiu-o várias vezes, forçando um sorriso e prometendo:

— Nós estamos contigo, filhão. Vai fundo!

Antonino Cosenza prendeu um dos braços de Hilda com o seu e piscou o olho direito para César, garantindo:

— É isso aí, Cesinha!

Leonardo exibiu o *skate* que tinha nas mãos e, sorrindo, afirmou:

— Nós vamos dar um trato em seu carrinho, mano.

Puxando Bubka pela coleira e perfilando-se ao lado dele, Henrique ajuntou:

— Vamos sim!

Os olhos de César se encontraram com os de Hilda. Ela piscou várias vezes, esforçando-se para não chorar e para tentar dizer-lhe alguma coisa.

— Você não está sozinho, César... — disse, insistindo: — Não está, não!

— Sei disso, mãe... — finalmente César agarrou-se à maçaneta da porta e girou-a com vontade, empurrando a porta para abri-la.

Entrou.

VIVER É UMA GRANDE AVENTURA

Quem me dera,
ao menos uma vez,
Acreditar por um instante
em tudo que existe
E acreditar que o mundo
é perfeito
E que todas as pessoas
são felizes.

ÍNDIOS
Renato Russo (Legião Urbana)

Hoje

César encerra a apresentação com um *ollie* abusado, de quem não tem medo de mais nada na vida, de quem acredita que a vida é uma grande aventura. Ah, é... e sorri.

Aquele sorriso afasta Hilda definitivamente de suas lembranças menos agradáveis e a empurra para aquele abraço forte com que o filho a procura, suado, molhado, cansado, mas muito contente.

Parece que foi ontem, mas dentro de dois dias ele completará seis meses longe das bebidas. Uma conquista grandiosa.

Ela o envolve em seus braços e o aperta com força contra si. Um dos braços de Hilda repousa sobre os ombros de Nata e a puxa para aquele abraço que traz também Ricardo, quando um dos braços de César envolveu-lhe os ombros, e junta os quatro num demorado e, aqui e ali, choroso (Hilda desistiu de lutar contra as lágrimas de emoção) aperto.

— Puxa, isso é que é felicidade! — comentou Henrique, entreolhando-se, sorridente, com Leonardo, os dois procurando alguma maneira de participar daquele grande abraço.

O álcool encerra em si todas estas contradições:
o seu lado inegavelmente atraente e o seu lado inegavelmente destrutivo.

Jandira Mansur, ex-presidente da Associação Brasileira de Estudos do Álcool e do Alcoolismo (ABEAA).

BIBLIOGRAFIA

LIVROS SOBRE ALCOOLISMO

MELMAN, Charles. *Alcoolismo, delinqüência, toxicomania*. São Paulo, Editora Escrita, 1992.

RAMOS, Sérgio de Paula. *Alcoolismo hoje*. Porto Alegre, Editora Artes Médicas.

ARATANGY, Lídia Rosemberg. *Doces venenos*. São Paulo, Editora Olho d'Água, 1991.

KALINA, Eduardo. *Drogas — terapia familiar e outros temas*. São Paulo, Livraria e Editora Francisco Alves.

JOHNSON, Vernon. *Guia prático para o tratamento do alcoolismo*. Petrópolis, Vozes, 1992.

MANSUR, Jandira. *O que é alcoolismo*. 2ª ed., São Paulo, Editora Brasiliense, 1991. Coleção Primeiros Passos.

GRANT, Marcus e HODGSON, Ray. *Reagindo aos problemas das drogas e do álcool na comunidade*. São Paulo, Livraria Editora Santos, 1992.

VÍDEOS SOBRE ALCOOLISMO

- Por volta da meia-noite — Warner
- A força do carinho — VTI
- O clube dos cinco — CIC
- Desespero — Breno Rossi

JÚLIO EMÍLIO BRAZ

Nasci em 16 de abril de 1959, na cidade mineira de Manhumirim, próxima à serra do Caparaó. Sou o sétimo filho do Sebastião Braz, mecânico de mão-cheia e grande lateral-esquerdo que se perdeu na luta pela vida e pela Geralda Elvira Braz, mulher de muita coragem pessoal e lavadeira de muito talento.

Profissionalmente comecei a escrever aos quatorze anos. Um colega me pediu alguns poemas para a namorada dele. Ele pagava semanalmente com um sonho ou um cachorro-quente. Foi o meu primeiro trabalho profissional. Para editoras, eu comecei por acaso. Acabei transformando o escrever em uma profissão.

Gosto muito de trabalhar com crianças e jovens. Eles são mais francos e mais dispostos ao novo, eles querem criar, mover, alterar, consertar. Eles se dão com menos condições e imposições do que os chamados adultos.

Gosto de trabalhar a temática social, que até pouco tempo atrás era deixada de lado na literatura dedicada a crianças e jovens. Acho imprescindível que eles sejam colocados diante da sua realidade até para que possam conviver com ela sem medos ou ignorâncias.

Impresso nas oficinas da EDITORA FTD SA